AF314898

# OBSERVATIONS

## DU MINISTRE DE L'INSTRUCTION PUBLIQUE,

### DES CULTES ET DES BEAUX-ARTS

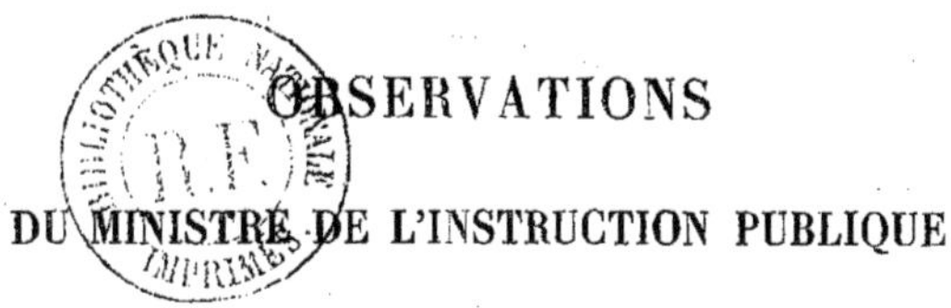

*Sur la question de savoir : 1° par qui et en quelles formes doivent être acceptées des libéralités faites à des établissements ecclésiastiques pour la fondation ou l'entretien d'écoles; 2° au nom de qui doivent être immatriculés les titres de rentes achetés avec le produit de ces libéralités; 3° à qui doivent être confiés la garde des titres de rentes et le soin d'en percevoir les arrérages?*

Versailles, le 25 avril 1873.

Monsieur le Président et cher Collègue,

Avant de statuer sur l'acceptation d'un legs fait par la demoiselle Galtier à la fabrique de Saint-Georges-de-Luzençon (Aveyron) pour une école de filles, la section de l'Intérieur, de la Justice, de l'Instruction publique, des Cultes et des Beaux-Arts du Conseil d'État a désiré connaître mon avis sur la question de savoir dans « quelles conditions doivent être autorisées l'acceptation et l'exécution des legs faits à des établissements religieux pour des écoles, et s'il y a lieu de continuer à appliquer la jurisprudence établie par l'avis du 10 juin 1863. »

Avant d'aborder l'examen de ces questions, je crois indispensable, Monsieur le Président, de soumettre au Conseil d'État deux observations préliminaires.

1° Si l'on voulait attacher au terme : *Établissements religieux* son acception rigoureuse, la note que je viens de transcrire n'exprimerait pas vraisemblablement la véritable pensée de la section.

Le législateur a distingué les établissements *ecclésiastiques* des établissements *religieux*. La loi du 2 janvier 1817 ne s'occupe que des établissements ecclésiastiques : l'ordonnance du 14 janvier 1831, articles 1 et 4, traite à la fois des établissements *ecclésiastiques* et des établissements *religieux*.

Les établissements *ecclésiastiques* sont destinés à satisfaire à des intérêts d'un ordre général; ils sont reconnus par *la loi* dans le sens exact du mot, en ce sens que le seul fait de leur création dans les conditions réglées par le législateur les rend aptes à jouir de la vie civile. Chaque mense épiscopale, chaque chapitre, séminaire, fabrique, cure ou succursale, pour ne citer que les établissements sur lesquels aucun doute ne s'est élevé, n'a pas besoin d'un décret spécial pour exister légalement : tous ces êtres moraux tiennent leur vie civile des lois organiques du culte. Les bâtiments où ils ont leur siége font généralement partie du domaine national ou communal : ce sont des établissements *publics*, et, par suite, ils sont soumis, *dans tous leurs actes*, au contrôle administratif.

Les établissements *religieux* sont des institutions utiles, mais non indispensables, créés par des particuliers; ils sont reconnus, *en vertu de la loi*, à titre d'établissements d'utilité publique, par des décisions spéciales et en vue d'un but

rigoureusement déterminé. — Ils sont propriétaires des
bâtiments qu'ils occupent, et ils conservent *leur autonomie*
pour tous les actes de droit civil ou privé, relatifs à la gestion
de leurs biens, qui ne sont pas expressément soumis à
l'examen et à l'autorisation du Gouvernement.

Les seuls établissements religieux, *religionis intuitu*, aujourd'hui reconnus sont les congrégations, communautés et
associations religieuses.

Les avis des 10 juin 1863 et 22 novembre 1866 distin-
guent nettement ces deux classes d'établissements et leur
imposent des conditions différentes lorsqu'ils reçoivent des
libéralités destinées à des écoles.

La question dont se préoccupe aujourd'hui la section
de l'Intérieur, de l'Instruction publique et des Cultes, pré-
sente peu de difficultés en ce qui concerne les établissements
*religieux;* il n'en est pas de même en ce qui touche les établissements *ecclésiastiques.* Je m'occuperai donc principale-
ment de cette classe d'établissements dans laquelle rentre,
du reste, l'espèce qui a soulevé la discussion, le legs fait à
la *fabrique* de Saint-Georges-de-Luzençon.

Je reviendrai plus loin sur l'importance que j'attache à
cette distinction.

2° La note de la section ne pose pas la question de savoir
si les établissements ecclésiastiques *peuvent* recevoir des
libéralités destinées à des écoles.

C'est, en effet, une question de *capacité,* qui rentre essentiellement dans le domaine de l'autorité judiciaire; — l'autorité administrative, bien moins encore que le Conseil
d'État, n'a pas à statuer en pareil cas: elle n'a d'autre mission
que de constater les règles posées par la juridiction compétente et d'étudier les mesures à prendre pour les appliquer
aux établissements placés sous son contrôle.

Je ne crois donc pas pouvoir discuter cette question de
capacité: je me bornerai à rappeler les solutions qu'elle a
reçues depuis quarante ans.

Cette capacité présupposée, d'après la jurisprudence civile, j'indiquerai les conditions auxquelles on peut en subordonner l'exercice par mesure administrative.

## PREMIÈRE PARTIE.

### CAPACITÉ.

« Les établissements ecclésiastiques légalement reconnus « peuvent-ils fonder et entretenir des écoles et, par suite, « peuvent-ils acquérir pour cette destination ? »

### I.

*I. Ancien droit.*

Dans l'ancienne législation, cette question ne soulevait aucun doute. Il y avait, en règle générale, dans chaque paroisse, deux écoles dites *de charité* pour les enfants pauvres, l'une pour les garçons, l'autre pour les filles. D'après les arrêts du Parlement, le temporel de ces écoles était administré par les marguilliers, qui en rendaient compte dans un chapitre particulier du compte général de la fabrique. Le curé avait le gouvernement spirituel de l'école ; il devait la visiter, veiller sur les instructions que l'on donnait et sur les livres qu'on employait, interroger et récompenser les élèves.

Dans le cas de la vacance, les maîtres ou maîtresses étaient choisis par le fondateur, s'il s'était réservé ce droit ; sinon, par l'assemblée générale des habitants de la paroisse. (Jousse, *Gouvernement temporel des paroisses*, page 233 ; — *Mémoires du clergé*, in-4°, t. I<sup>er</sup>, col. 969-1085.)

Les Parlements maintenaient rigoureusement ces principes et leurs déductions.

### II.

*II. Avis du Conseil d'État du 12 avril 1837.*

Pendant le premier tiers de ce siècle, la question de capacité n'a pas été sérieusement agitée, et le Conseil d'État a fréquemment autorisé les évêques, les conseils de fabrique,

les curés et desservants à accepter des libéralités destinées à
des écoles. La controverse date surtout d'un avis du 12 avril
1837, portant : « Que les fabriques n'ont été reconnues
« comme établissements publics et autorisées à recevoir et
« posséder que dans l'intérêt de la célébration du culte et
« dans les limites des services qui leur sont confiés à cet
« égard par les lois et décrets;

« Que les fabriques ne peuvent, en dehors de ces limites,
« invoquer leur qualité d'établissements publics pour rece-
« voir des donations à l'effet d'établir des écoles ou former
« toutes autres entreprises étrangères à leurs attributions. »

### III.

Le Conseil royal de l'instruction publique, saisi de la
même question, l'avait résolue dans un sens contraire par
l'avis du 10 février 1837 :

III. Avis du Conseil
royal de l'instruction
publique, du 10 février
1837.

« Ce qui est donné à la fabrique, dit cet avis, ne peut
« être considéré comme donné au préjudice de la com-
« mune. Les établissements publics étant des personnes
« aptes à recevoir ou posséder sous toutes conditions qui
« n'ont rien de contraire aux lois ni aux mœurs, et au-
« cune loi n'interdisant aux fabriques de recevoir et de
« posséder sous la condition de fonder des écoles, on ne
« paraît pas légalement fondé à établir à cet égard, d'une
« manière générale, cette sorte d'incapacité.

« Dans certains cas particuliers, l'incapacité pourra être
« de fait appliquée par l'exercice du pouvoir laissé au gou-
« vernement d'autoriser ou de ne pas autoriser l'acceptation
« des dons et legs faits aux fabriques et autres établissements
« publics......... Cette intervention discrétionnaire de
« l'autorité supérieure paraît devoir suffire pour prévenir les
« inconvénients signalés dans la délibération du Conseil
« d'État. (Donation *Jamet*, à la fabrique de Courtheson. —
Vaucluse.)

.........« Toute école primaire, quelle que soit son

« origine ou sa nature. . . . . . . . contribue nécessairement
« d'une manière plus ou moins directe à l'avantage de la
« communauté. »

## IV.

IV. Décision du Ministre de l'Instruction publique (M. Guizot), du 9 mars 1837.

Le Ministère de l'Instruction publique avait adopté l'opinion de son conseil.

« Je ne vois, en ce qui concerne les intérêts de mon mi-
« nistère, écrivait M. Guizot, le 9 mars 1837, aucune diffi-
« culté à ce que les fabriques soient autorisées à accepter
« les libéralités qui ont pour objet le service de l'instruction
« publique. C'est une heureuse idée que celle de réunir,
« par un lien aussi étroit que possible, l'intérêt de la reli-
« gion et celui de l'éducation populaire : c'est elle qui ins-
« pire les donations qui se font assez fréquemment aux
« fabriques catholiques et aux consistoires des cultes dissi-
« dents. L'autorité doit protection et encouragement à ces
« dispositions. »

## V.

V. Rapport du directeur de l'administration départementale et communale (15 mars 1840.)

La doctrine de l'avis du 12 avril 1837 était donc contestée par les représentants les plus autorisés des intérêts de l'instruction publique. Elle souleva, dans la pratique, de graves difficultés et de nombreuses réclamations dont le Ministère de l'Intérieur crut devoir se préoccuper et se faire l'organe.

Le directeur de l'administration départementale et communale résuma les principales objections contre cette doctrine nouvelle dans un rapport présenté au Ministre de l'Intérieur, le 15 mars 1840. Il y exposa les trois opinions qui se produisaient alors :

« 1° Doit-on autoriser *la fabrique seule* à accepter? »

« 2° Doit-on autoriser *la commune seule* à accepter? »

« 3° Doit-on autoriser la fabrique à accepter la libéralité
« et la commune à accepter le bénéfice de la disposition? »

Il démontra que *le premier système* laissait la commune
sans capacité pour recueillir le bénéfice de la condition
attachée à la libéralité, et par suite sans qualité pour pour-
suivre au besoin l'exécution de cette condition;

Que dans *le second système*, qui faisait une attribution de
propriété par voie administrative, les héritiers seraient
fondés à refuser la délivrance de legs qu'on voulait attribuer à des établissements non institués par le testament;
— Que, d'ailleurs, il était impossible d'induire des textes
qu'il appartînt exclusivement aux communes d'accepter
tous les legs profitant à l'instruction primaire, même ceux
qui seraient faits *nominativement* à des fabriques.

Que *le troisième système* levait toutes les difficultés et con-
ciliait tous les intérêts.

## VI.

Le Ministre de l'Intérieur renvoya l'examen de ce rapport
au Conseil d'État, qui en adopta les conclusions dans l'avis
précité du 4 mars 1841. On s'abstint de se prononcer sur
la question de *capacité*, qui était en dehors de la compétence
du Conseil d'État, mais on se plaça, sans discussion, dans
une hypothèse contraire à la doctrine de l'avis de 1837, en
s'attachant exclusivement «à régler *le mode d'autorisation*
«lorsqu'une libéralité est faite à un établissement capable de
«recevoir sous condition d'une *fondation* ou d'un service qui
«soit dans les attributions d'un autre établissement également
«capable de recevoir: par exemple, *si une libéralité est faite*
«*à une fabrique, à condition de fonder une école gratuite,*
«fondation qui rentre dans les attributions de l'autorité
«communale. »

Le Conseil d'État fut d'avis, comme le Ministre de l'Intérieur, qu'on ne pouvait autoriser exclusivement l'établissement *bénéficiaire* ou l'établissement *institué*, et que, dès
lors, il convenait d'autoriser simultanément les deux établissements.

Ce n'étaient pas exactement les termes de la proposition

du directeur de l'administration départementale et communale, qui ne demandait pas l'acceptation *conjointe* propre-
ment dite, mais bien l'acceptation de la disposition par
*l'institué* et l'acceptation *du bénéfice* de la disposition par *le
destinataire*, rédaction qui avait le grand avantage de ne
soulever aucune question juridique, en donnant à l'Administration toutes les garanties compatibles avec le respect
des volontés des fondateurs.

## VII.

VII. Avis du Conseil d'État du 3o décembre 1846.

· La formule adoptée par le Conseil d'État ne tarda pas à
susciter de nouvelles difficultés : on se demanda quelle
pouvait être, en droit, la conséquence de l'acceptation *conjointe*, au point de vue de la propriété des biens donnés
ou légués. Le Conseil d'État fut saisi de la question par le
Garde des sceaux, Ministre de la Justice, dans une espèce
où il s'agissait d'une libéralité faite à une communauté religieuse pour les pauvres, et il la résolut par l'avis du 3o décembre 1846, portant que le système de l'acceptation
conjointe avait été adopté « parce qu'il avait paru convenable
« de faire surveiller par le représentant légal des pauvres,
« quoiqu'il ne fût pas institué, l'emploi d'une libéralité des-
« tinée à leur soulagement; mais qu'on n'avait pas entendu
« transporter au bureau de bienfaisance, même pour partie,
« les droits de propriété qui résultent, pour la communauté
« légataire, des dispositions du testament. »

Le Conseil d'État décida en même temps que, pour con-
server la trace de la destination que le testateur avait voulu
donner à sa libéralité, il suffirait de rappeler, par une mention
sur l'inscription de rente achetée au nom de l'établissement
institué, que le capital de la rente provenait d'un legs fait
à cet établissement pour une destination déterminée.

## VIII.

VIII. Observations sur le système des avis de 1841-1846.

Ce système des avis du 4 mars 1841-3o décembre 1846
pouvait donner lieu à des objections théoriques; mais je

dois reconnaître qu'ils parurent très-satisfaisants dans la pratique et qu'ils ne soulevèrent aucune objection.

On essaya, il est vrai, d'en restreindre la portée en soutenant que l'avis de 1841 ne s'appliquait qu'aux *legs*, et non aux *donations*. Cette prétention était évidemment contraire à la généralité des termes de cet avis et aux principes du droit civil.

Les considérants et les motifs de l'avis de 1841 ne sont pas, en effet, spéciaux aux legs. On y emploie le mot *libéralité*, qui s'applique à toutes les dispositions, soit *entre-vifs*, soit *testamentaires*.

La loi civile ne fait d'ailleurs aucune distinction entre la capacité de recevoir par *testament* et la capacité de recevoir par *donation*. — Le chapitre II du titre II du livre III du Code civil est intitulé : *De la capacité de disposer et de recevoir por donation entre-vifs ou par testament.*

L'article 902 dit également : « *Toutes personnes peuvent* « *disposer et recevoir, soit par* DONATION ENTRE-VIFS, *soit par* « TESTAMENT, *excepté celles que la loi a déclarées incapables;* » et l'article 910 ne fait pas davantage de distinction entre les deux ordres de libéralités.

## IX.

Malgré ces tentatives de restriction, le système des avis de 1841-1846 resta en vigueur dans ses parties essentielles, et la doctrine de l'avis de 1837, qu'ils avaient remplacée, fut solennellement condamnée, en 1852, par la Cour de cassation, juge suprême des questions de capacité. — Par son arrêt du 18 mai, cette Cour déclara « que les établisse- « ments religieux appartenant à l'un des cultes reconnus par « l'État (c'est-à-dire les établissements ecclésiastiques), et « notamment les consistoires, *ont capacité* pour recevoir des « libéralités destinées à des écoles, — et qu'aucune dispo- « sition de ce genre n'est défendue par aucun texte. » (*Arrêt Haussmann.*)

IX. Arrêt de la Cour de cassation du 18 mai 1852.

## X.

X. Avis du Conseil d'État des 24 janvier et 10 juin 1863, 22 novembre 1866 et 18 décembre 1867.

Le Conseil d'État suivit encore pendant onze ans les règles qu'il s'était tracées pour assurer l'exécution de ces libéralités; — mais, en 1863, il fit un pas en arrière : à la majorité d'une ou deux voix, il abandonna un système éprouvé par vingt années d'expérience, sans toutefois revenir franchement à la doctrine de l'avis du 12 avril 1837.

Dans l'avis du 10 juin, qui reproduit les règles nouvelles introduites par l'avis du 24 janvier précédent, pour les libéralités charitables, il établit une distinction entre les libéralités faites à des établissements *ecclésiastiques* pour fonder et entretenir des écoles, et les libéralités faites pour la même destination *à des communautés religieuses enseignantes dûment autorisées*.

Pour les établissements ecclésiastiques, il émit l'opinion que ces établissements « *DEVRAIENT être réputés incapables* « d'accepter des libéralités faites dans un but étranger à « leurs attributions ; » qu'il y avait lieu, toutefois, de valider la disposition en faisant intervenir la commune dans l'acceptation, ainsi que l'avait prescrit l'avis du 4 mars 1841. Mais il ajouta que cette double acceptation devait avoir pour conséquence la double *immatriculation*, c'est-à-dire, l'inscription du titre de propriété faite simultanément sous le nom de l'établissement institué et sous celui de la commune.

Pour les communautés enseignantes, les mêmes règles devraient être suivies si l'école était destinée à avoir le caractère d'école communale et publique; s'il s'agissait, au contraire, d'une école *libre*, on n'imposerait que la double acceptation sans immatriculation conjointe.

D'après les avis combinés des 24 janvier 1863 et 22 novembre 1866, la garde et la conservation des titres de rentes ou de propriété et la perception des revenus étaient attribuées au représentant de la commune, qui remettait les arrérages ou revenus à l'institué.

Toutefois, l'avis du 18 décembre 1867 fit une concession aux réclamations qui se produisaient contre ce système. Dans une espèce où la testatrice avait expressément voulu que le titre de rente fût remis au curé chargé d'en distribuer les arrérages aux pauvres, on prescrivit néanmoins la remise de ce titre au bureau de bienfaisance, mais à la charge de délivrer au curé copie certifiée du testament et du titre.

## XI.

A côté de ces dispositions restrictives de la liberté des bienfaiteurs, on voyait, après comme avant 1863, le Conseil d'État revenir, dans la pratique, à la plus ancienne jurisprudence et reconnaître aux établissements ecclésiastiques, et notamment aux fabriques, la capacité d'acquérir *seules*, pour fonder et entretenir les écoles, non pas seulement à titre *gratuit*, mais, ce qui est bien plus décisif encore, à titre onéreux. Parmi les dernières autorisations de ce genre, je citerai les décrets des 21 décembre 1859 (fabrique de Saint-Jean-d'Herans (Landes), 22 janvier 1867 (fabrique de Saint-Georges-les-Bains (Ardèche); parmi les autorisations de libéralités à titre gratuit, le décret du 3 août 1867 (Oysonville, Eure-et-Loir), tous rendus sur l'avis conforme du Conseil d'État.

XI. Jurisprudence pratique du Conseil d'État.

## XII.

La jurisprudence inaugurée en 1863 n'était donc pas constamment suivie dans la pratique : elle était très-vivement critiquée par les jurisconsultes les plus autorisés.

On l'attaquait *dans son principe* en faisant remarquer que les *incapacités*, comme les pénalités, sont *de droit étroit* et qu'il n'est jamais permis de suppléer, en pareil cas, au silence du législateur ; — qu'on ne pouvait jamais valider, en droit civil, une libéralité faite à un *incapable* ou réputé tel, en lui adjoignant, par mesure administrative, *un tiers capable* non dénommé au testament ; — que d'ailleurs cette

XII. Objections produites contre le système des avis de principe de 1863.

adjonction était *attributive de propriété* au profit de tiers non
appelés par le testateur, ou quelquefois même exclus for-
mellement par lui, et qu'elle constituait un excès de pou-
voirs.

On l'attaquait, dans son application en signalant les difficultés considérables qu'elle présenterait dans la pratique :
— notamment pour le renouvellement des inscriptions
hypothécaires ou des titres de rentes constituées ; — pour
la transcription des actes constitutifs de la propriété donnée
ou léguée ; — pour les baux en forme authentique ; — pour
l'exercice des actions possessoires et autres actions judiciaires, etc... — On ajoutait enfin que ces prescriptions
venaient diminuer le patrimoine des pauvres d'un vingtième
environ, perçu à titre de remises, par le receveur municipal, et qu'elles amèneraient de nombreux procès.

## XIII.



Ces prévisions ne tardèrent pas à se réaliser. Dans les
départements de l'Isère et de Maine-et-Loire, des héritiers
ou exécuteurs testamentaires de testateurs, dont les dispositions dernières se trouvaient modifiées par les décrets d'autorisation, se refusèrent à délivrer les legs, et demandèrent
qu'ils fussent déclarés caducs pour inexécution des conditions sous lesquelles ils étaient faits. Les tribunaux civils et
les cours de Grenoble et d'Angers accueillirent ces conclusions, tout en reconnaissant aux établissements ecclésiastiques la pleine capacité d'accepter et d'exécuter les libéralités qui leur étaient destinées.

La cour de Grenoble, dans un arrêt du 5 juillet 1869
( *Manuel* ), reconnaît aux évêques la capacité de fonder et de
diriger des écoles, attendu « qu'aucune loi d'ordre public ne
« prohibe la fondation d'une école, sous la condition qu'elle
« sera dirigée par des religieux choisis et surveillés par
« l'évêque du diocèse... que la loi du 15 mars 1850...

« autorise, par ses articles 17, 27 et suivants, l'établissement
« d'écoles libres, et qu'il suffit de se reporter à la discussion
« qui précéda le vote de la loi pour se convaincre que,
« dans les prévisions du législateur, la plupart de ces écoles
« libres devaient être placées sous la direction du clergé. »

Dans son arrêt du 28 mars 1871, relatif à l'exécution du
testament du sieur de Langottière, qui avait légué à la commune de Vieil-Baugé (Maine-et-Loire) une maison et un
capital pour établir une école, la cour d'Angers a également reconnu la capacité de la fabrique et lui a donné
acte de ce qu'elle était toujours prête à accepter le legs et
à exécuter le testament du sieur de Langottière.

Plusieurs autres instances du même genre étaient pen-
dantes, ou à la veille de s'ouvrir en 1870 : les héritiers
annoncent aujourd'hui l'intention de les reprendre, et dans
quelques-unes de ces affaires, notamment dans les départements de l'Aveyron et d'Indre-et-Loire, j'ai cru devoir intervenir à titre de conseil, pour éviter des procès dispen-
dieux entre les fabriques et les communes.

## XIV.

Cette lutte des héritiers ou exécuteurs testamentaires
contre la jurisprudence du Conseil d'État avait éveillé l'at-
tention du Ministère de l'instruction publique avant sa réu-
nion au Ministère des cultes. Un de mes prédécesseurs,
M. Segris, consulté sur l'exécution de ce legs Langottière
à la fabrique de Vieil-Baugé, répondait, le 6 avril 1870,
dans le sens où il fut statué, une année plus tard, par la cour
d'Angers.

« Il n'y aurait aucun inconvénient, je crois, à garantir les
« droits de ces établissements (religieux) que les testateurs
« ont préférés aux autres, préoccupés qu'ils étaient de ga-
« rantir, dans l'avenir, l'accomplissement de leurs intentions.
« Il faut en convenir loyalement : le testataire qui institue
« légataire un établissement religieux manifeste clairement sa

« résolution de lui attribuer la possession et l'administration
« des biens qu'il lui lègue. »

(Legs *Langottière*. — Fabrique de Vieil-Baugé (Maine-
et-Loire.)

## XV.

XV. Avis de la sec-
tion de l'intérieur, de
l'instruction publique et
des cultes de la Com-
mission provisoire char-
gée de remplacer le
Conseil d'État (1871).

En présence de ces décisions judiciaires, la Commission
provisoire chargée, en septembre 1870, de remplacer le
Conseil d'État, crut devoir soumettre à un nouvel examen
le système des avis de 1863, et la section de l'intérieur, de
l'instruction publique, etc., sur un rapport très-étudié de
M. Le Vavasseur de Précourt, fut d'avis qu'on ne pouvait
tout au moins maintenir la disposition qui enlevait aux établissements institués légataires la garde des titres de propriété et le soin de toucher les revenus. (Distribution du
3 novembre 1871). La Commission provisoire crut toutefois devoir ajourner l'examen de l'ensemble de la question.

## XVI.

XVI. Avis du Conseil
d'État du 6 mars 1873.

Enfin, le nouveau Conseil d'État, par son avis du 6 mars
dernier sur les libéralités charitables, a abandonné le système de l'immatriculation conjointe, de la remise des titres
à l'établissement bénéficiaire non institué et a substitué à
l'acceptation conjointe par cet établissement l'acceptation
du bénéfice de la disposition. — Cet avis s'applique aux libéralités faites aux fabriques pour *les pauvres*, mais en reve-
nant sur ce point au système soutenu par le Ministère de
l'intérieur, en 1840, il a résolu implicitement la question
générale.

Il n'y a, en effet, aucune raison de distinguer à ce point
de vue de la rédaction de décrets, la libéralité faite à une
fabrique pour une destination *charitable* ou pour une destination *scolaire*. Le problème est toujours le même, et il n'y
a aucun motif juridique de lui donner deux solutions différentes.

D'après notre législation rappelée et constatée par l'avis

du 6 mars dernier, l'administration et l'emploi des libéralités charitables ne sont pas en dehors des attributions des fabriques. Les libéralités destinées à assurer l'instruction gratuite des enfants pauvres sont assurément une des formes les plus nobles et les plus utiles de la charité : en acceptant ces libéralités, les fabriques et les autres établissements ecclésiastiques reçoivent *pour les pauvres* et continuent des œuvres que la jurisprudence des parlements rangeait dans leurs attributions.

## DEUXIÈME PARTIE.

### CONTRÔLE ADMINISTRATIF.

« Quelles conditions convient-il d'imposer à l'autorisation « des libéralités faites pour des écoles, soit qu'elles s'a « dressent à des établissements ecclésiastiques ou à des éta « blissements religieux?

« Convient-il de maintenir la jurisprudence établie par « l'avis du 10 juin 1863? »

L'exposé historique que je viens de faire des divers systèmes produits depuis trente-cinq ans permet de répondre brièvement sur ces deux points et d'indiquer une solution pratique qui évite les inconvénients signalés par l'expérience.

### § 1er.

« Convient-il de maintenir la jurisprudence établie par « l'avis du 10 juin 1863? »

§ 1er. Réponse à la deuxième partie de la question.

### 1.

En 1837, on s'inspire de ces idées d'incapacité absolue, de *minorité* des établissements publics, qui étaient encore en vogue, bien qu'elles fussent déjà abandonnées par nos plus éminents jurisconsultes et hommes d'État. — « Ces « expressions de *tutelle* et de *minorité* sont fausses, disait

I. Résumé des faits et conséquences.

« M. Thiers à la Chambre des députés, le 6 mai 1833, et
« c'est avec des expressions fausses qu'on répand dans le
« pays des erreurs dommageables (1). » — On veut résister
alors à la volonté des testateur*et on crée des *incapacités re-*
*latives* pour rendre leurs dispositions inutiles lorsque *l'ins-*
*titué* n'est pas en même temps *le bénéficiaire.*

En 1841, on passe sous silence cette théorie des incapacités *relatives* et on adopte le système des acceptations con-
jointes de l'institué et du bénéficiaire, tout en déclarant, du
reste, en 1846, que cette acceptation conjointe n'opère
point attribution de propriété au bénéficiaire non institué.

En 1852, la Cour de cassation se prononce sur la question de capacité en faveur des établissements ecclésiastiques ; mais cependant, en 1863, le Conseil d'État tire les
conséquences logiques du principe de l'acceptation conjointe, à savoir : l'immatriculation conjointe, la remise des
titres de rente ou des titres de propriété des immeubles
entre les mains du bénéficiaire non dénommé au testament,
l'administration des biens et la perception des arrérages ou
revenus par ses soins.

Les héritiers et les établissements ecclésiastiques voient
dans ces prescriptions une attribution de propriété par voie
administrative ; les tribunaux civils leur donnent gain de
cause et déclarent la caducité des legs pour inexécution
des conditions, c'est-à-dire par le fait de l'autorité administrative.

Le Conseil d'État s'émeut de ce conflit et des conséquences fâcheuses de sa jurisprudence ; il l'abandonne en
partie en 1871, et complétement le 6 mars 1873, en ce
qui concerne les libéralités charitables.

Il me paraît, dès lors, bien difficile qu'il ne l'abandonne
pas, en ce qui concerne les libéralités scolaires qui font

(1) M. le Président Aucoc, *Conférences sur l'administration et le droit
administratif*, t. 1ᵉʳ, p. 85.

précisément l'objet des arrêts de la Cour de cassation, des cours de Grenoble et d'Angers.

Je ne crois donc pas avoir à me prononcer sur un système que la jurisprudence des cours judiciaires rend aujourd'hui impraticable.

## II.

Mais faut-il revenir au système de 1841-1846 ?

J'ai dit plus haut que, dans la pratique, ce système n'avait soulevé aucune difficulté. Toutefois, on doit reconnaître qu'il est défectueux dans son principe d'acceptation conjointe, lequel tend juridiquement à créer un second légataire, un copropriétaire. Aussi, les rédacteurs de l'avis de 1863 n'ont-ils fait que tirer de ce principe ses conséquences logiques en imposant l'immatriculation conjointe et la remise des titres à ce copropriétaire constitué par voie administrative.

Je préférerais donc la formule déjà proposée en 1840 par le Ministère de l'Intérieur, fréquemment suivie dans la pratique après 1841 et consacrée de nouveau par le Conseil d'État dans son avis du 6 mars dernier, formule consistant à faire intervenir l'établissement destinataire pour accepter *le bénéfice de la disposition* qui l'intéresse.

Cette rédaction ne semble pouvoir soulever aucune difficulté de la part des héritiers, ni aucun conflit entre l'autorité administrative et l'autorité judiciaire, puisque le décret se borne à établir un fait incontestable, à savoir : que la commune, par exemple, est intéressée à ce que les pauvres soient secourus ou les enfants assistés, et que le même décret laisse implicitement à l'autorité compétente le soin de tirer les conséquences de cette déclaration, en habilitant la commune à faire valoir, s'il y a lieu, les droits qu'elle peut en induire.

Ce système n'a donc pas les inconvénients de la théorie de l'acceptation conjointe, et il en offre tous les avantages.

J'ai cherché une espèce dans laquelle le régime de 1841 puisse donner des garanties que la nouvelle formule n'assurerait pas aux bénéficiaires, et je n'en ai pas trouvé.

Je n'hésite donc pas à donner à cette formule mon assentiment.

### § 2.



J'ai répondu à la deuxième partie de la question que nous examinons présentement.

« Convient-il de maintenir la jurisprudence établie par « les avis de 1863 ? »

Il me reste à répondre à la première partie.

« Quelles conditions convient-il d'imposer à l'autorisation « des libéralités faites pour des écoles, à des établissements « ecclésiastiques ou à des établissements religieux ? »

Par établissements *ecclésiastiques* j'entends, comme je l'ai dit précédemment, les établissements publics constitués par la loi et appartenant à l'un des cultes reconnus par l'État, ainsi que les définit l'arrêt précité de la Cour de cassation du 18 mai 1852.

Par établissements *religieux* j'entends, avec l'ordonnance du 14 janvier 1831, articles 1 et 4, les congrégations, communautés et associations enseignantes autorisées par le Gouvernement comme établissements d'utilité publique.

Cette distinction entre ces deux classes d'établissements a été soigneusement maintenue par les avis des 10 juin 1863 et 22 novembre 1866, qui donnent des solutions différentes pour les deux cas.

« Lorsqu'il s'agit de dons et legs faits à des établissements « religieux et affectés à la fondation et à l'entretien d'écoles, « dit l'avis du 10 juin 1863, il y a lieu de distinguer si les « établissements institués sont des fabriques, consistoires, « succursales, cures et évêchés, ou bien si ce sont des com- « munautés religieuses enseignantes. »

Dans le premier cas, ces avis de 1863 et de 1866 exigent *l'acceptation conjointe* par l'établissement institué et par la commune; — *l'immatriculation conjointe* des titres de rente et la *remise des titres* à la commune non instituée, qui perçoit les revenus et administre les biens.

Dans le second cas, 'on n'exige que *l'acceptation conjointe* par la congrégation ou communauté et la commune. — Toutefois, si la libéralité est faite pour la fondation d'écoles ayant ou devant avoir le caractère d'écoles communales et publiques, on suit les règles tracées pour la première hypothèse et on exige tout à la fois l'acceptation et l'immatriculation conjointe et la remise des titres de propriété à la commune.

J'ai exposé les motifs qui peuvent déterminer le Conseil d'État à abandonner le système établi par les avis de 1863, pour les libéralités destinées aux écoles, ainsi qu'il l'a fait, par son avis du 6 mars 1873, pour les libéralités destinées aux pauvres.

Il ne me reste qu'à indiquer les conditions ou prescriptions du domaine administratif qu'on pourrait substituer aux règles établies par les avis de 1863 pour sauvegarder les intérêts dont ils se préoccupaient sans soulever les difficultés qui les rendent inapplicables.

## I.

### LIBÉRALITÉS FAITES POUR DES ÉCOLES À DES ÉTABLISSEMENTS ECCLÉSIASTIQUES.

Il me paraît hors de doute et de contestation qu'on devra d'abord se conformer aux règles établies par le Conseil d'État dans son avis du 6 mars 1873, à savoir :

Si la fondation est en rentes sur l'État, mention dans l'immatriculation du titre de la destination des arrérages; — acceptation par le maire du bénéfice de la fondation; — remise au représentant de la commune d'une copie de l'acte

I. Libéralités faites pour des écoles à des établissements ecclésiastiques.

Conditions à mentionner dans les décrets d'autorisation.

constitutif de la fondation (testament ou donation), du décret d'autorisation et de l'inscription de rente.

Mais, en raison de la nature de l'établissement institué,
je serais d'avis de réclamer encore quelques conditions ac-
cessoires :

1° L'inscription des recettes et dépenses de l'école dans
un chapitre spécial du budget et du compte de la fabrique
ou du consistoire légataire ou donataire. Cette condition
était de rigueur dans l'ancienne jurisprudence sur les *petites
écoles* ou *écoles de charité;*

2° Si le legs est fait en vue de la fondation d'une école
congréganiste, obligation de choisir les instituteurs ou institutrices parmi les associations ou congrégations reconnues
par l'État. Si le legs est fait pour la fondation d'une école
laïque, obligation de choisir les instituteurs ou institutrices
sur la liste d'admissibilité dressée par les conseils départe-
mentaux, en exécution de la loi du 15 mars 1850,

3° L'enseignement donné dans ces écoles devra com-
prendre les matières qui, d'après l'article 23 de la loi du
15 mars 1850 et l'article 16 de la loi du 10 avril 1867,
constituent essentiellement l'enseignement primaire (1).

Conditions tacites.
Indépendamment de ces conditions, qui seraient brève-
ment indiquées dans les décrets d'autorisation des libéralités,
il me semblerait opportun de convenir dès à présent de
quelques règles de conduite et de jurisprudence à suivre par
le Conseil d'État et par l'Administration. J'indiquerai les
plus importantes à mon avis, sans préjuger les additions ou
modifications qui seront ultérieurement suggérées par la pratique :

1° Les établissements ecclésiastiques ne seront autorisés

(1) L'instruction morale et religieuse, la lecture, l'écriture, les
éléments de la langue française, le calcul et le système légal des
poids et mesures, les éléments de l'histoire et de la géographie de la
France.

qu'exceptionnellement à recevoir des libéralités qui seraient destinées à des écoles situées en dehors de leur circonscription territoriale;

2° L'œuvre entreprise devra être et rester ce que le testateur ou donateur a voulu qu'elle soit;

3° Si le testateur ou ses héritiers n'ont pas fait connaître leurs intentions sur la nature de l'établissement à créer, cet établissement sera et restera un établissement primaire;

4° Si la fondation est présentement insuffisante, on prescrira la capitalisation des arrérages et on fixera un délai maximum pour l'ouverture de l'établissement;

5° Lorsque le département ou la commune croiront opportun de subventionner l'école, dans le cas de l'article 36 de la loi du 15 mars 1850, et que l'établissement intéressé y consent, le budget des ressources spéciales de cette école, qui, dans ce cas, tiendra lieu de l'école communale, sera communiqué chaque année au conseil municipal, sans préjudice, en ce qui concerne les fabriques, de la production des comptes en fin d'exercice, prescrite par l'article 89 du décret du 30 décembre 1809.

## II.

LIBÉRALITÉS FAITES POUR DES ÉCOLES À DES ÉTABLISSEMENTS RELIGIEUX RECONNUS PAR LE GOUVERNEMENT (CONGRÉGATIONS, COMMUNAUTÉS ET ASSOCIATIONS RELIGIEUSES).

Ces établissements ont pleine capacité pour recevoir ces libéralités, dit l'avis du 10 juin 1863, «puisqu'ils ont «été autorisés en vertu de l'utilité publique et dans le but «précisément de fonder et de diriger des écoles; l'objet de «ces fondations rentre donc dans leurs attributions spé«ciales.»

D'autre part, leur aptitude est rigoureusement déter-

II. Libéralités faites pour des écoles à des établissements religieux.

minée et circonscrite par l'ordonnance ou le décret qui les autorise.

Il pourra donc suffire de réclamer, dans ce cas, l'application des règles générales : mention de l'affectation des rentes dans l'immatriculation des titres; — acceptation par le maire du bénéfice d'une disposition toujours avantageuse pour la commune; — remise à ce fonctionnaire d'une copie des titres et du décret d'autorisation.

Ces clauses et conditions me paraissent suffisantes pour sauvegarder les intérêts dont le Gouvernement doit se préoccuper. Elles n'ont rien de gênant pour les établissements ecclésiastiques et religieux, et elles ne sauraient soulever aucune difficulté devant les tribunaux judiciaires, puisqu'elles ne touchent en rien aux questions de capacité et de propriété.

Agréez, Monsieur le Président et cher Collègue, l'assurance de ma haute considération.

*Le Ministre de l'Instruction publique et des Cultes,*

Signé JULES SIMON.